국어 교과서
따라쓰기
2-1

스쿨존에듀
SCHOOLZONE

공부습관 잡기, 교과서와 친해지자!

초등학교 저학년 때는 공부습관을 만드는 게 필요합니다. 먼저 엉덩이를 의자에 붙이고 바르게 앉는 법부터 배웁니다. 짧은 시간이어도 괜찮습니다. 집중해서 쓰고 읽고 생각하는 시간을 매일 일정하게 갖게 하세요. 특히 유아 때부터 스마트폰에 익숙하여 손힘이 약한 요즘 어린이들에겐 써보는 연습이 필요합니다. 쓰기 위해서는 책상 앞에 앉아야 하니 공부하는 습관도 길러지겠지요.

초등학교 저학년에서 쓰기를 연습하는 데 국어 교과서는 참 좋은 교재랍니다. 듣기, 말하기, 읽기, 쓰기, 문법, 작품감상까지 망라돼 있습니다. 얇은 교과서 안에 그 많은 게 다 들어가 있나 싶겠지만 영역별로 골고루 배울 수 있게 돼 있습니다. 해당 학년에서 꼭 알아야 할 성취 기준에 맞춰 집필되었으니까요.

이 책은 2024년부터 시행된 개정 교육과정에 따른 국어 2-1(가·나), 국어활동 교과서를 충분히 소화할 수 있게 만들었습니다. 먼저 큰 소리로 읽고 한 자 한 자 또박또박 쓸 수 있게 지도해 주세요. 손힘도 키우고, 글자도 익히고, 낱말도 배우고, 문장도 익혀 글을 읽는 재미를 한층 더 느끼게 해줍니다.

책의 구성

먼저, 연필 바로 잡는 법, 책상에 바르게 앉는 법, 자음·모음을 배우고, 글자 쓰기를 배웁니다. 그다음, 교과서 각 단원에 나오는 꼭 알아야 할 낱말(명사, 동사, 의성어, 의태어 등)과 맞춤법, 문장(그림 동화, 동시 등)을 따라 써볼 수 있게 하였습니다. 사이사이 재밌게 놀며 배우는 놀이터도 있습니다. 순서에 따라 한 자 한 자 힘 있게 써 나가다 보면 인내심과 집중력이 생기고 예쁜 글씨체까지 만들어진답니다. <국어 교과서 따라쓰기>를 마스터하여 학교생활을 더 자신 있게 할 수 있게 도와주세요!

콘텐츠연구소 수(秀)

차례

바른 자세 예쁜 글씨 ⋯⋯⋯⋯⋯⋯⋯⋯⋯⋯⋯ 4
놀이터 미로찾기 ⋯⋯⋯⋯⋯⋯⋯⋯⋯⋯⋯ 14

1단원 만나서 반가워요! ⋯⋯⋯⋯⋯⋯⋯ 15
놀이터 나를 소개해 보세요 ⋯⋯⋯⋯⋯ 26

2단원 말의 재미가 솔솔 ⋯⋯⋯⋯⋯⋯⋯ 27
놀이터 맞는 것을 연결해 보세요 ⋯⋯⋯ 36

3단원 겪은 일을 나타내요 ⋯⋯⋯⋯⋯⋯ 37
놀이터 생각그물에 적어 보세요 ⋯⋯⋯ 52

4단원 분위기를 살려 읽어요 ⋯⋯⋯⋯⋯ 53
놀이터 공통점을 찾아 연결해 보세요 ⋯⋯ 60

5단원 마음을 짐작해요 ⋯⋯⋯⋯⋯⋯⋯ 61
놀이터 미로찾기 ⋯⋯⋯⋯⋯⋯⋯⋯⋯⋯⋯ 70

6단원 자신의 생각을 표현해요 ⋯⋯⋯⋯ 71
놀이터 짧은 글을 만들어 보세요 ⋯⋯⋯ 82

7단원 마음을 담아서 말해요 ⋯⋯⋯⋯⋯ 83
놀이터 숨은그림찾기 ⋯⋯⋯⋯⋯⋯⋯⋯⋯ 92

8단원 다양한 작품을 감상해요 ⋯⋯⋯⋯ 93
놀이터 그림자를 찾아 연결해 보세요 ⋯⋯ 102

글씨를 쓸 때 바른 자세에 대해 알아봅시다

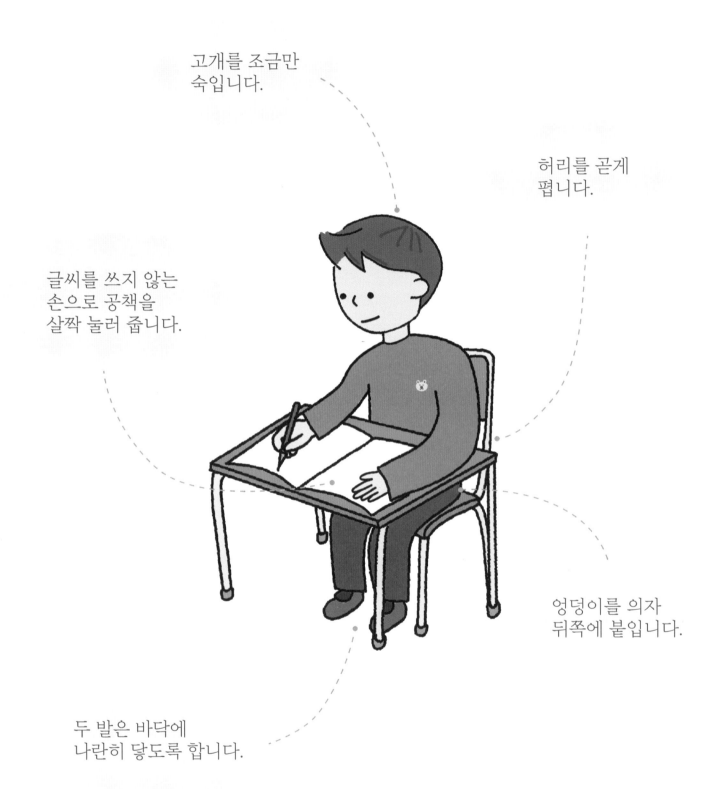

고개를 조금만
숙입니다.

허리를 곧게
폅니다.

글씨를 쓰지 않는
손으로 공책을
살짝 눌러 줍니다.

엉덩이를 의자
뒤쪽에 붙입니다.

두 발은 바닥에
나란히 닿도록 합니다.

나쁜 자세는 안돼요

▶ 의자 끝에 엉덩이를 걸치는 친구들 있지요?
반쯤 감긴 눈 엉거주춤한 자세는 바른 글쓰기의
적이랍니다.

▲ 턱을 괴면 잠이 쏟아진답니다.
여기에 다리까지 흔들면 글씨도
따라서 춤을 추겠지요?

▲ 와우~ 다리를 꼬셨네요!
다리를 꼬지 마세요.
온 신경이 발끝에 쏠리는 것 같아요.

연필을 바르게 잡아봅시다

엄지손가락과 집게손가락의 모양을 둥글게
하여 연필을 잡습니다.

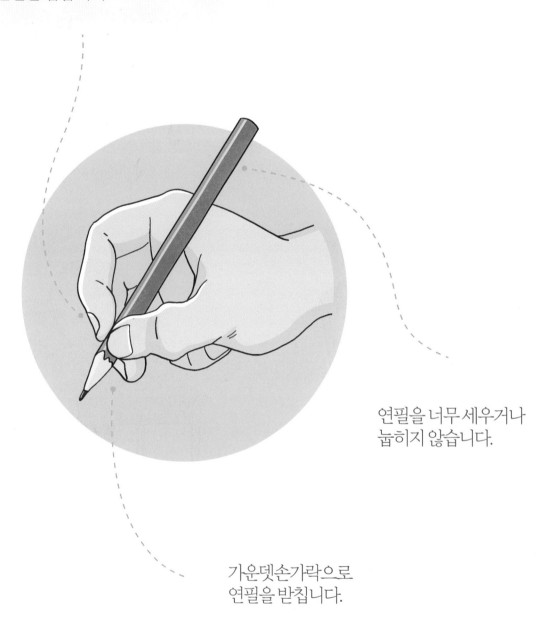

연필을 너무 세우거나
눕히지 않습니다.

가운뎃손가락으로
연필을 받칩니다.

습관이 잘못 들면 고치기 힘들어요!

이렇게 쥐면 손가락이 아파요.
글씨를 오랫동안 쓰지 못하게 돼요.

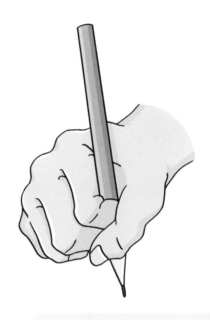

주먹을 불끈 쥐었네요.
몇 자 쓰지 않아 연필이
부러질 것 같아요.

손가락 사이가 너무 벌어졌어요.
연필이 흘러내릴 것 같아요.
당연히 글씨에 힘이 없겠죠?

자음을 바르게 써 보세요

 순서에 맞게 자음을 따라 써 보세요.

ㄱ	기역	ㄱ							
ㄴ	니은	ㄴ							
ㄷ	디귿	ㄷ							
ㄹ	리을	ㄹ							
ㅁ	미음	ㅁ							
ㅂ	비읍	ㅂ							
ㅅ	시옷	ㅅ							
ㅇ	이응	ㅇ							
ㅈ	지읒	ㅈ							
ㅊ	치읓	ㅊ							
ㅋ	키읔	ㅋ							
ㅌ	티읕	ㅌ							
ㅍ	피읖	ㅍ							
ㅎ	히읗	ㅎ							

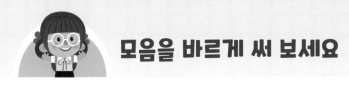
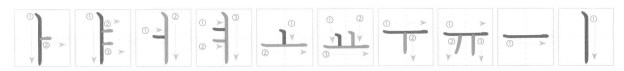 순서에 맞게 모음을 따라 써 보세요.

	ㅏ	ㅑ	ㅓ	ㅕ	ㅗ	ㅛ	ㅜ	ㅠ	ㅡ	ㅣ
ㄱ										
ㄴ										
ㄷ										
ㄹ										
ㅁ										
ㅂ										
ㅅ										
ㅇ										
ㅈ										
ㅊ										
ㅋ										
ㅌ										
ㅍ										
ㅎ										

ㅏ ㅑ ㅓ ㅕ ㅗ ㅛ ㅜ ㅠ ㅡ ㅣ

ㄱ
ㄴ
ㄷ
ㄹ
ㅁ
ㅂ
ㅅ
ㅇ
ㅈ
ㅊ
ㅋ
ㅌ
ㅍ
ㅎ

	ㅏ	ㅑ	ㅓ	ㅕ	ㅗ	ㅛ	ㅜ	ㅠ	ㅡ	ㅣ
ㄲ										
ㄸ										
ㅃ										
ㅆ										
ㅉ										

 ㅏ, ㅑ, ㅓ, ㅕ, ㅣ 와 합쳐진 글자는 ◁ 모양에 맞춰 써야 해요.

 ㅗ, ㅛ, ㅡ 와 합쳐진 글자는 △ 모양에 맞춰 써야 해요.

 ㅜ, ㅠ와 합쳐진 글자, 받침에 자음이 들어간 글자는 ◇ 모양에 맞춰 써야 해요.

 친구들이 있는 숲속 텐트를 찾아가 보세요.

정답은 p103

1 낱말을 따라 써 보세요

 모양을 생각하며 따라 써 보세요.

곱 슬 곱 슬

겅 중 겅 중

반 짝 반 짝

딸 깍 딸 깍

깜 빡 깜 빡

또 박 또 박

 낱말을 따라 써 보세요.

자	신		상	대		대	상		대	화

말	차	례		말	끝		순	서

손	짓		특	징		평	소		습	관

낱말을 따라 써 보세요.

발	표		이	름		소	개

 낱말을 따라 써 보세요.

기	회	꿈	주	의	집	중	용	기

소리내어 읽으며 따라 써 보세요.

고개를 끄덕이며

귀 기울여 들어요.

끝까지 분명하게 말해요.

끼어들면 안 돼요.

낱말을 따라 써 보세요.

엉	덩	방	아

재	롱	둥	이

 낱말을 따라 써 보세요.

얇	디

얇	은

이	리	저	리

 낱말을 따라 써 보세요.

모 둠 원

몸 집

구 조 대

손 바 닥

연 필 꽂 이

위 험

모 험

무 릅 쓰 고

낱말을 따라 써 보세요.

과	학	자

낭	떠	러	지

손	전	등

 낱말을 따라 써 보세요.

뿔	불

북	극	성

보	물	찾	기

 낱말을 따라 써 보세요.

산길　산꼭대기　캄캄한

손끝　반딧불이　엉덩이춤

천체　망원경　별　관찰

낱말을 따라 써 보세요.

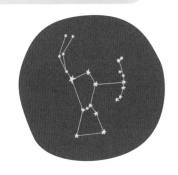

오리온자리

큰개자리

황소자리

쌍둥이자리

〈세상에 둘도 없는 반짝이 신발〉에 나오는 문장을 따라 써 보세요.

라 라 는 　 허 둥 지 둥 　 신 발 을

따 라 갔 습 니 다 .

돌 에 　 채 어 　 넘 어 졌 고

중 심 을 　 잃 고 　 비 틀 거 렸 고

엉 덩 방 아 를 　 찧 었 습 니 다 .

<용기를 내, 비닐장갑!>에 나오는 문장을 따라 써 보세요.

별	빛		캠	프	는		한		학	기	에

한		번		장	갑	산	에		올	라	가

별	을		관	찰	하	는		행	사	예	요	.

아	이	들	은		모	두		잔	뜩		들

떠		있	었	어	요	.					

 친구들 앞에서 나를 소개해 보세요.

이름

특징을 넣어 소개

좋아하는 것

잘하는 것

친구들에게 부탁하고 싶은 것

2 문장을 따라 써 보세요

 〈가랑비와 이슬비〉에 나오는 문장을 따라 써 보세요.

가는 비가 내리는 날

우산을 쓸까 말까?

국숫발같이 가늘다고

가랑비. 이슬이 맺힐

만큼 내려서 이슬비.

 비의 이름과 뜻을 생각하며 따라 써 보세요.

단 비	잠 비	찬 비	장 대 비

꼭 필요한 때 알맞게 내리는 비	여름철에 내리는 비	차갑게 느껴지는 비	장대처럼 굵고 거세게 내리는 비

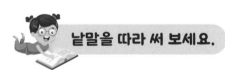 낱말을 따라 써 보세요.

얼 큰	후 련	지 저 분	말 끔

 낱말을 따라 써 보세요.

하나　둘　셋　넷　다섯

숟가락　젓가락　수저

2 **문장을 따라 써 보세요**

말의 재미를 생각하며 〈내마음 ㅅㅅㅎ〉를 따라 써 보세요.

갑	자	기		다		너	무		시	시	해

뭘		해	도		마	음	이		싱	숭	해

혼	자		노	니	까		너	무		심	심

해	.	어	떡	하	지	?					

심	심	하	면	?		상	상	해	!		

 낱말을 따라 써 보세요.

운 동 장   시 장   식 당

 낱말을 따라 써 보세요.

말 놀 이   재 미   콩 닥 콩 닥

 꼬리따기 말놀이를 떠올리며 따라 써 보세요.

아 기 는 귀 여 워

귀 여 우 면 곰 인 형

곰 인 형 은 포 근 해

포 근 하 면 봄

낱말을 따라 써 보세요.

간장　고추장　된장　쌈장

 낱말을 따라 써 보세요.

책　책갈피　덧붙이기

낱말을 따라 써 보세요.

글자 낱말 느낌

더위 서늘 시원 매워

멀었다 주고받는

 소리내 읽으며 따라 써 보세요.

저기 저 뜀틀이 내가

뛸 뜀틀인가, 내가 안

뛸 뜀틀인가. 들의 콩깍

지는 깐 콩깍지인가, 안

깐 콩깍지인가.

 말놀이와 설명이 맞는 것을 연결해 보세요.

꼬리따기
말놀이

①②③④⑤
• 자랑스러워
• 사랑스러워
• 넌 밝게 웃어
• 참 잘했어요
• 얘들아 놀자…

주고받는
말놀이

• 사과는 빨개
↓
• 빨가면 고추장
↓
• 고추장은 매워
↓
• 매우면 떡볶이
↓
• 떡볶이는 맛있어…

다섯 글자
말놀이

• 하나는 뭐니? → 숟가락 하나
• 둘은 뭐니? → 젓가락 둘
• 셋은 뭐니? → 세발자전거…

줄줄이 이야기
만들기 놀이

• 낱말 하나를 정한 후
처음 사람이 첫 문장을 만들고
다음 사람이 앞문장과 이어지는
이야기를 만들며 계속 덧붙이기를
이어가는 놀이.

정답은 국어(가) p46~51

 꾸며주는 낱말을 따라 써 보세요.

빠르게 커다란 시커먼

붉은 화려한 뜨거운

멋있는 힘차게 활짝

 상상하며 낱말을 따라 써 보세요.

조롱조롱　　주렁주렁

올록볼록　　울퉁불퉁

뒤뚱뒤뚱　　빙글빙글

낱말을 따라 써 보세요.

찐 득 찐 득

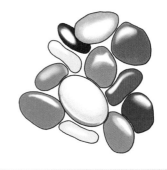

만 질 만 질

송 알 송 알

뭉 게 뭉 게

 꾸미는 낱말을 떠올리며 따라 써 보세요.

보 랏 빛

사 탕

튼 튼 한

거 북 선

귀 여 운

강 아 지

예 쁜  정 원

새 콤 한  레 몬

넓 은  옥 수 수 밭

 꾸미는 낱말을 떠올리며 따라 써 보세요.

고 소 한

땅 콩

조 그 만

새 싹

따 뜻 한

군 밤

맑 은  하 늘

거 센  파 도

힘 찬  날 갯 짓

일기 관련 낱말을 따라 써 보세요.

하 루　동 안　겪 은　일

여 러　가 지　일 기　제 목

날 짜　날 씨　생 각　표 현

낱말을 따라 써 보세요.

낙 하 산 　 옹 달 샘 　 장 독 대

 낱말을 따라 써 보세요.

알 맹 이 　 껍 데 기 　 송 진

5

 느낌을 생각하며 따라 써 봅시다.

보 드 라 운 보 드 레 하 다

부 드 러 운 부 들 부 들 하 다

잘 바 닥 잘 바 닥 하 다

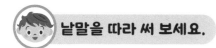 낱말을 따라 써 보세요.

바 람 개 비

모 래 밭

들 판

 낱말을 따라 써 보세요.

독 도

괭 이 갈 매 기

〈식물은 어떻게 자랄까?〉에 나오는 문장을 따라 써 보세요.

덩굴손이 꼬불꼬불 쭈욱,

버팀대를 돌돌 감고 뻗

어 가. 우아, 탐스러운

포도가 열렸어!

새콤달콤 아주 맛나.

나뭇잎이 우수수

물 위에 떠서 자라는

입가에 밥풀처럼

붙는다고 개구리밥

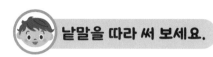 낱말을 따라 써 보세요.

공중 회전 초록색 껍질

밤송이 밤나무 호두

녹색 진흙 잔디밭

 <이게 뭐예요?>에 나오는 문장을 따라 써 보세요.

민들레 꽃씨예요.

후, 한번 불어 보세요!

만지면 따끔한 이 공은

뭐예요? 작은 헬리콥터

가 나타났어요!

하루 동안 겪은 일을 생각그물에 적어 보세요.

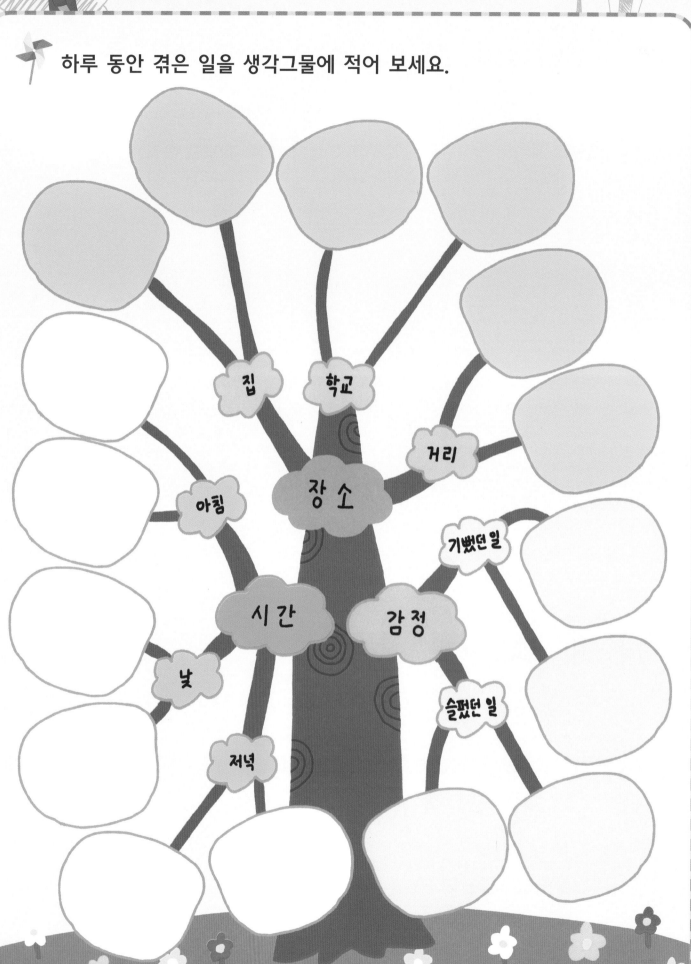

 분위기를 생각하며 <누가 누가 잠자나>를 따라 써 보세요.

넓고 넓은 밤하늘

깊고 깊은 숲속

포근포근 엄마 품

새근새근 잠자지.

분위기를 생각하며 따라 써 보세요.

산새 들새 모여 앉아

달달달 떠는 어린 민들

레꽃. 골목을 걸어 나간

다, 뚜벅뚜벅. 데굴데굴

 낱말을 따라 써 보세요.

끊다 끓다 쉬다 시다

 낱말을 따라 써 보세요.

몫 값 넋 짝 칸

〈오늘〉에 나오는 문장을 따라 써 보세요.

나는 오늘이 좋아.

해가 함빡 웃잖아.

입에서 절로 휘파람이

나오는 즐거운 오늘.

토박이말을 따라 써 보세요.

나	들	목

볼	가	심

해	거	름

 낱말을 따라 써 보세요.

마	루	품	삯	누	렁	이	시	골	집

〈설문대 할망〉에 나오는 문장을 따라 써 보세요.

까마득한 옛날 일이야.

어디선가 큰 할머니가

바닷물을 철렁철렁 일으

키며 남쪽 제주도로 건

너왔어. 키가 얼마나 큰

지, 바다 깊은 물도 겨

우 무릎에 닿았대.

그때만 해도 제주도는

그냥 편평한 섬이었어.

 다음 낱말의 공통점을 찾아 연결해 보세요.

쌍받침
낱말

•

•

없다, 밟다, 앉다,
짧다, 여덟, 몫,
많다, 품삯,
괜찮다, 가엾다

겹받침
낱말

•

•

낚시, 있다,
왔다, 갔다,
겪다, 묶다,
섞다

정답은 국어(가) p118~122

마음을 나타내는 낱말을 따라 써 보세요.

격려　괜찮아　힘내

고민　눈치　낯선　당황

눈물　기분　미안　사과

5 낱말을 따라 써 보세요

 헷갈리기 쉬운 낱말을 따라 써 보세요.

때	떼	반드시	반듯이

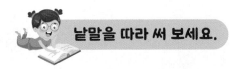 낱말을 따라 써 보세요.

바침니다	받침니다

가 치	같 이	마 치 고	맞 히 고

 낱말을 따라 써 보세요.

맞 습 니 다	맡 습 니 다

 헷갈리기 쉬운 낱말을 따라 써 보세요.

부 치 다	붙 이 다	거 름	걸 음

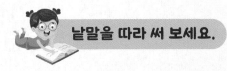 낱말을 따라 써 보세요.

이 따 가	있 다 가

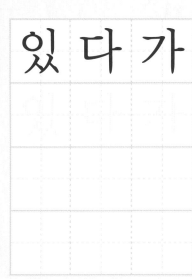

다	친	닫	힌	느	리	다	늘	이	다

 낱말을 따라 써 보세요.

시	켜	서	식	혀	서

마음을 짐작하며 <강아지 돌보기>를 따라 써 보세요.

가슴이 두근거렸어요.

설레는 마음으로 고개를

끄덕였어요. 콩이가 나를

잘 따라 줄지 걱정도

되었어요. 저녁이 되자

장난감 공을 물고 나에

게 다가왔어요. 신났는지

점점 더 꼬리를 힘차게

흔들었어요.

<힘내>에 나오는 문장을 따라 써 보세요.

무거운 흙더미를 뚫고

어린싹이 쏙쏙 올라와요.

보세요! 해냈죠!

〈딱지치기〉에 나오는 문장을 따라 써 보세요.

동생 딱지를 벌써 세

개나 땄다. 민서는 금방

이라도 울 것 같은 표

정이었다.

 곰이 맛있는 꿀을 먹을 수 있게 찾아가 보세요.

도착

출발

곰이 맛있는 꿀을 먹을 수 있게 찾아가 보세요.

정답은 p103

 낱말을 따라 써 보세요.

공공장소 예절 관람

어린이 보호자 놀이공원

수목원 도서관 배려

 동물의 특징을 생각하며 따라 써 보세요.

정답은 p103

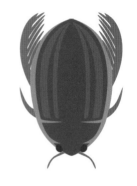
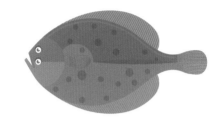

물방개   가자미   고등어

● ● ●

● ● ●

| 물속 바닥에 납작 엎드려 살아간다 | 뒷다리가 헤엄치기 좋게 생겼다 | 멀리 헤엄쳐 다닌다 |

<열대어 기르기>에 나오는 낱말을 따라 써 보세요.

열 대 어 선 명 한 무 늬

물 어 항 온 도 예 민

관 리 관 심 환 경 사 랑

〈저마다 다른 동물의 생김새〉에 나오는 낱말을 따라 써 보세요.

곡식 먹이 곤충 벌레

생김새 부리 헤엄 물속

땅속 바닥 납작 뭉툭

동물의 특징을 생각하며 낱말을 따라 써 보세요.

독수리

매

딱따구리

・

・

・

・

・

・

시력이 매우 발달한,
작은 동물들을
먹고 사는 새

부리가 매우
뾰족해서
나무를 파서
벌레를 먹고 사는 새

크기가 크며
목 주위에 특이한
깃이 있는, 죽은 동물을
먹고 사는 새

〈누구를 보낼까요〉에 나오는 문장을 따라 써 보세요.

별나라에서 보고 들은

일을 여러분께 생생하게

전할 수 있어요. 어떤

동물이 지구를 대표해

가면 좋을까요 ?

<저마다 다른 동물의 생김새>에 나오는 문장을 따라 써 보세요.

먹 이 를 　 잡 으 려 고 　 무 리 를

짓 기 도 　 하 고 , 때 로 는 　 더

나 은 　 곳 을 　 찾 아 서 　 옮 겨

살 기 도 　 했 어 요 .

낱말을 따라 써 보세요.

발끝 발굽 땅강아지

앞다리 뒷다리 근육 심장

아우 우애 단단하게

토박이말을 따라 써 보세요.

까 치 밥

볼 우 물

여 우 비

까치 따위의
날짐승이 먹으라고
따지 않고 몇 개
남겨 두는 감

볼에 팬 우물
이라는 뜻으로
'보조개'를
이르는 말

햇볕이 있는 날
잠깐 오다
그치는 비

 낱말을 따라 써 보세요.

햇 볕 풀 숲 흙 식 물 땅 속

 〈토끼의 재판〉에 나오는 문장을 따라 써 보세요.

제발 문고리를 따고 문

짝을 좀 열어 주십시오.

궤짝 속에서 한 약속을

궤짝 밖에 나와서도 지

키라는 법이 어디 있어?

사람들은 은혜를 몰라.

 그림을 보고 토박이말 뜻을 알고 예문처럼 짧은 글을 만들어 보세요.

나리

뜻   '백합'을 뜻하는 말

예문   화단에 예쁜 나리꽃이 피었다.

여울

뜻   강이나 바다에서 바닥이 얕거나 폭이 좁아 물살이 세게 흐르는 곳

짧은 글짓기

나루

뜻   강에서 배를 타고 내리는 지역을 이르는 말

짧은 글짓기

배쫑배쫑

뜻   산새들이 잇달아 우는 소리를 일컫는 말

짧은 글짓기

 마음을 담은 문장을 따라 써 보세요.

미안해 괜찮아

넌 소중한 친구야

도와줘서 고마워

 낱말을 따라 써 보세요.

물 방 울 물 장 군 물 살

슬 금 슬 금 또 박 또 박

천 둥 소 리 비 요 란 하 게

낱말을 따라 써 보세요.

펭	귄	남	극	승	강	기	안	내	문

 낱말을 따라 써 보세요.

결	승	전	금	메	달	응	원	할	게

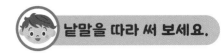 낱말을 따라 써 보세요.

유기견 돌봄 보호 센터

나뭇가지 햇살 빗방울

봉사 활동 경험

 〈메기야, 고마워〉에 나오는 문장을 따라 써 보세요.

잉어가　가리키는　곳을

보니　낯선　물고기가　헤

엄쳐　오고　있었습니다.

그　물고기는　험상궂게

<메기야, 고마워>에 나오는 문장을 따라 써 보세요.

| 생 | 긴 | | 데 | 다 | 가 | | 입 | 은 | | 옆 | 으 |

| 로 | | 길 | 게 | | 찢 | 어 | 져 | | 있 | 었 | 습 |

| 니 | 다 | . | 그 | 리 | 고 | | 입 | | 양 | 쪽 | 에 |

| 는 | | 긴 | | 수 | 염 | 도 | | 나 | | 있 | 었 |

습니다. 메기는 쉰 목소

리로 자기를 소개했습니

다. 모습만 보고 겁을

먹었던 잉어와 붕어는

안심하게 되었습니다.

<열대어 기르기>에 나오는 문장을 따라 써 보세요.

알록달록한 색과 선명한

무늬를 지닌 열대어가

헤엄치는 모습을 보고

있으면 나도 모르게 마

음이 편안해진다.

더운 지방에 사는 물고

기이기 때문에 물 온도

에 예민하다.

 바닷가에서 놀고있는 친구의 숨은그림을 찾아 원을 그려 보세요.

 **낱말을 따라 써 보세요.**

인형극 오누이 나그네

별주부전 용궁 할멈

흥부놀부 콩쥐팥쥐

낱말을 따라 써 보세요.

시 낭송 감상 장면

고개 까딱 슬쩍 빙긋

몸짓 휘휘 감탄 통쾌

 낱말을 따라 써 보세요.

어 깨 동 무   팔 짱   밧 줄

그 림 자   건 널 목   신 호 등

낱말을 따라 써 보세요.

기름 휘젓는 골탕

함정 꾀 위험한

나무젓가락 한참동안

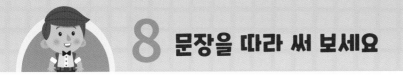

 〈편지〉에 나오는 문장을 따라 써 보세요.

두꺼비가 자기 집 현관

앞에 앉아 있었어요.

"우편함이 늘 텅 비어

있어. 나는 편지 기다리

는 때가 가장 슬퍼."

 〈편지〉에 나오는 문장을 따라 써 보세요.

개 구 리 는 　 집 　 밖 으 로 　 뛰

어 나 갔 어 요 . 　 " 달 팽 이 야 ,

부 탁 　 하 나 　 들 어 줄 래 ?

이 　 편 지 　 두 꺼 비 　 집 으 로

가져가서 우편함에 넣어

주렴." 개구리와 두꺼비

는 편지를 기다리러 현

관 앞으로 나갔어요.

〈은혜 갚은 개구리〉에 나오는 문장을 따라 써 보세요.

| 비 | 가 | | 오 | 지 | | 않 | 아 | | 올 | 챙 | 이 |

| 가 | | 다 | | 죽 | 게 | | 생 | 겼 | 네 | . |

| 근 | 처 | | 연 | 못 | 에 | | 옮 | 겨 | | 주 | 었 |

| 어 | . | | 집 | | 밖 | 에 | 서 | | 개 | 굴 | 개 | 굴 |

소리가　요란하게　들리는

거야. 올챙이들이　커서

개구리가　된　거야.

"요술　냄비구나!"

 물고기와 일치하는 그림자를 찾아 연결해 보세요.

정답은 p103

정답

p14 친구들이 있는 숲속 텐트를 찾아가 보세요.

p70 곰이 맛있는 꿀을 먹을 수 있게 찾아가 보세요.

p72

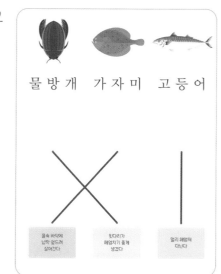

물방개　가자미　고등어

물속 바닥에
납작 엎드려
살아간다

뒷다리가
헤엄치기 좋게
생겼다

멀리 헤엄쳐
다닌다

p75

독수리　　매　　딱따구리

시력이 매우 발달한
작은 동물을
먹고 사는 새

부리가 매우
뾰족해서
나무를 파서
벌레를 먹고 사는 새

크기가 크며
목 주위에 특이한
깃이 있는 죽은 동물을
먹고 사는 새

p92 바닷가에서 놀고있는 친구의 숨은그림을 찾아 원을 그려 보세요.

p102 물고기와 일치하는 그림자를 찾아 연결해 보세요.

기획 콘텐츠연구소 수(秀)

우리 아이들이 말과 글을 어떻게 하면 재미있게 익힐 수 있을까, 잘 읽고 잘 쓰고 잘 이해할 수 있을까? 전·현직 교사, 학부모, 에디터 등 각 분야의 전문가들이 머리를 맞대고 아이들의 어휘력 향상, 문해력 향상을 위해 함께 고민하며 학습 교재를 만드는 연구집단입니다.

국어 교과서 따라쓰기 2-1

ISBN 979-11-92878-30-0 63700 ‖ **초판 1쇄 펴낸날** 2024년 7월 30일

펴낸이 정혜옥 ‖ **표지디자인** twoesdesign.com ‖ **내지디자인** 이지숙

마케팅 최문섭 ‖ **편집** 연유나, 이은정 ‖ **일러스트** 정지원 외

펴낸곳 스쿨존에듀 ‖ **출판등록** 2021년 3월 4일 제 2021-000013호

주소 04779 서울시 성동구 뚝섬로 1나길 5(헤이그라운드) 7층

전화 02)929-8153 ‖ **팩스** 02)929-8164 ‖ **E-mail** goodinfobooks@naver.com

■ 스쿨존에듀(스쿨존)는 굿인포메이션의 자회사입니다. ■ 잘못된 책은 본사나 구입하신 서점에서 바꾸어 드립니다.

도서출판 스쿨존에듀(스쿨존)는 교사, 학부모님들의 소중한 의견을 기다립니다. 책 출간에 대한 기획이나 원고가 있으신 분은 이메일 goodinfobooks@naver.com으로 보내주세요.